子どもに伝えたい
和の技術

11

保存食《ほぞんしょく》

PRESERVED FOOD

著　和の技術を知る会

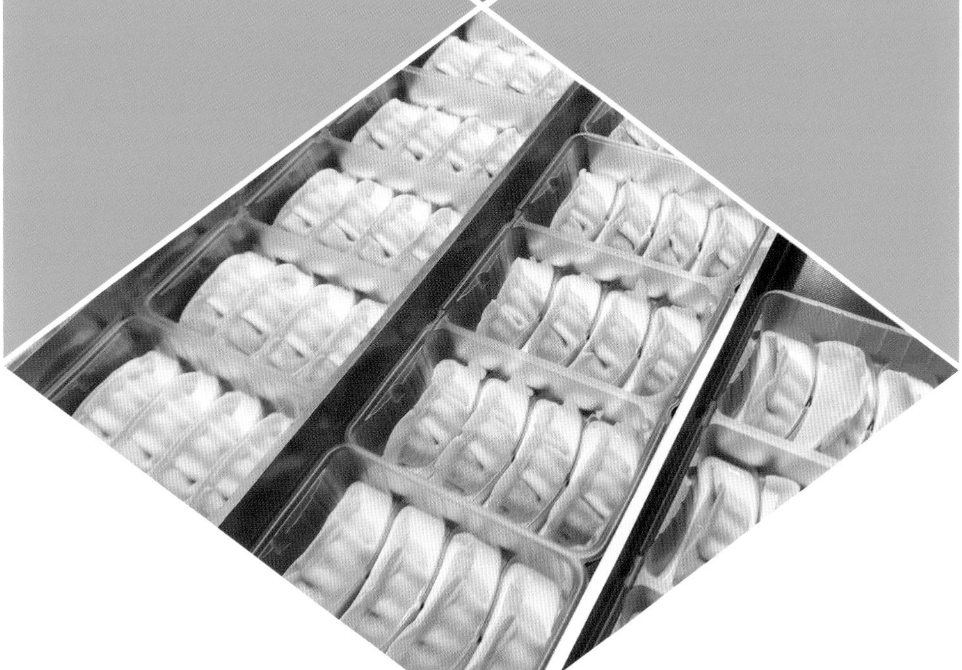

はじめに

日本の食文化を豊《ゆた》かにした保存食

みなさんは保存食と聞くと、何を思い出すでしょうか。ふだんの食卓《しょくたく》で目にするものでは、梅干《うめぼ》しなどのつけもの、パンにつけるジャム、せんべいやクッキーなども長もちしますね。台所の手伝いをしていたら、こんぶや干《ほ》ししいたけなどの乾物《かんぶつ》を思い出す人もいるでしょう。身のまわりにある保存食をいろいろ探《さが》してみてください。サラダに入ったトウモロコシが、かんづめや冷凍食品《れいとうしょくひん》の保存食かもしれません。いろいろなものを探《さが》すことができるはずです。

保存食がたくさんあるおかげで、わたしたちは豊《ゆた》かな食生活をおくることができます。家に保存しておける食べものがあれば、毎日買い物にいかなくてもすみます。夏の食べ物を冬に食べることもできます。遠くでつくられたものを、何日もかけて運んでくることだってできます。災害《さいがい》などで食べものを手に入れにくいときでも、何日か食いつなぐことができるかもしれません。また、たくさんとれたものを保存することで、食料をむだにすることを防《ふせ》ぐこともできます。保存食はわたしたちの身近にあり、さまざまな役に立っていることがわかります。

この本では、保存食の種類や歴史《れきし》、保存食づくりの技《わざ》など、さまざまな角度から保存食を紹介《しょうかい》しています。知れば知るほど、日本文化の奥深《おくぶか》さを感じ、保存食のすばらしさがわかってくることでしょう。

▲『大日本物産圖會《だいにほんぶっさんずえ》　同國長鮑製之圖《どうこくながあわびせいのず》』（1800 年代後半）三代目歌川広重《うたがわひろしげ》 画
伊勢《いせ》（三重県）でとれたアワビで、のしあわび（9 ページ参照《さんしょう》）をつくっている様子です。

もくじ

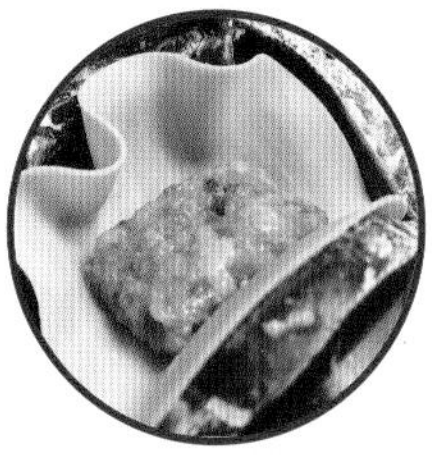

保存食の世界へようこそ

保存食のおもな種類

食べものを季節や天候に左右されずに手に入れられるように、人々は昔からさまざまな保存食をつくってきました。保存方法による、おもな種類を紹介《しょうかい》します。

乾燥《かんそう》

食品の水分をぬくことで、くさりにくくする方法です。天日干《てんぴぼ》しからはじまり、今ではさまざまな方法が利用されています。

《天日干《てんぴぼ》しや機械乾燥《きかいかんそう》》

米

米や麦、豆類などの穀物《こくもつ》は、乾燥《かんそう》させて長期保存できるようにしてきました。季節に収穫《しゅうかく》したものが、1年中食べられるようになります。

干《ほ》しいも

野菜やくだものを干《ほ》す場合には、水分を多く残し、やわらかい状態《じょうたい》で保存することもあります。

あおさ

海藻類《かいそうるい》は乾燥《かんそう》させることが多くあります。こんぶやのり、テングサ（寒天のもと）なども同様です。

《焼いて乾燥《かんそう》》

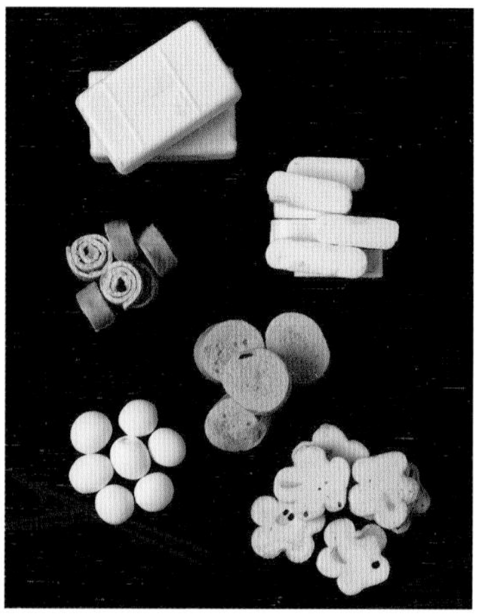

焼きふ

小麦粉《こむぎこ》ともち米からつくられる生ふは平安時代から食べられていました。江戸《えど》時代、小麦粉《こむぎこ》を原料に、焼いて乾燥《かんそう》させて保存できるようにしたのが焼きふです。

《フリーズドライ》

みそしるのもと

急速冷凍《きゅうそくれいとう》で乾燥《かんそう》させて保存させる方法です。冬に食べものを凍《こお》らせて乾燥《かんそう》させる方法は、昔からとうふやもち、野菜などでおこなわれています。

《油で乾燥《かんそう》》

ポテトチップス

油で揚《あ》げることによって、水分を減《へ》らす方法です。かりんとうや即席《そくせき》めんなども同様の方法で乾燥《かんそう》させています。

塩

塩につけることで、水分を少なくすることができるうえ、殺菌《さっきん》の効果《こうか》もあります。野菜やくだもの、肉、魚介類《ぎょかいるい》など、多くの種類の食材で使われています。

梅干《うめぼ》し

梅雨《つゆ》の時期《じき》に収穫《しゅうかく》したウメを塩づけにし、梅雨が明けたあとに干《ほ》してつくります。これを「土用干《どようぼ》し」といいます。

ハム

肉をかたまりのまま塩づけしたものです。写真のように火を通したもののほか、生のままで食べるものもあります。

酢《す》

酢《す》の中につけることで殺菌作《さっきんさ》用《よう》がはたらき、食べものを保存することができます。西洋のピクルスも同じです。

ラッキョウづけ

ラッキョウを、あまく味つけした酢《す》につけてつくります。日本の郷土料理《きょうどりょうり》としては、カブの酢《す》づけが各地にあります。

砂糖《さとう》

砂糖《さとう》を多く使うことで、雑菌《ざっきん》が増《ふ》えるのをおさえることができます。味を濃《こ》くすることで、ものをくさらせる微生物《びせいぶつ》が、よりつかなくなるというわけです。

ジャム

くだものに、砂糖《さとう》を加えて煮《に》つめてつくった保存食です。オレンジピールなど、かんきつ類の皮の砂糖《さとう》づけも古くからあります。

発酵《はっこう》

食べものをおいしく、長もちさせる微生《びせい》物《ぶつ》が活躍《かつやく》して、発酵食品《はっこうしょくひん》はつくられます。ヨーグルトやみそなども、発酵食品《はっこうしょくひん》です。

ぬかづけ

米ぬかに塩水などを加えて「ぬか床《どこ》」にし、そこに野菜などをつけてつくります。江戸《えど》時代から家庭でつくられるようになりました。

燻製《くんせい》

火をたいたけむりでいぶし、殺菌《さっきん》する方法です。食べものだけでなく、木材などにも使われる保存方法です。

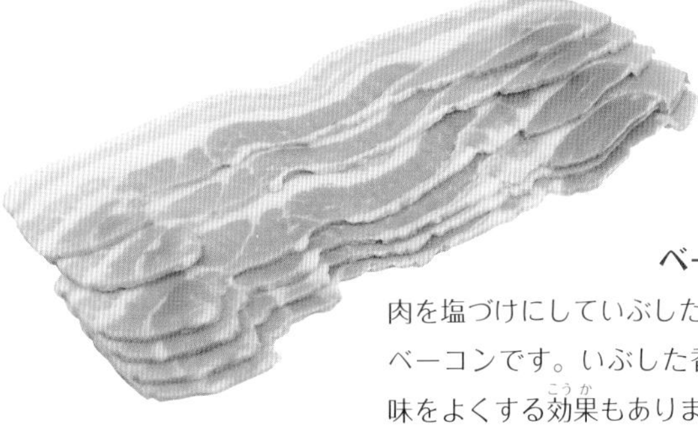

ベーコン

肉を塩づけにしていぶしたものがベーコンです。いぶした香りは、味をよくする効果《こうか》もあります。

冷凍《れいとう》

凍《こお》らせて保存することで、雑菌《ざっきん》を増《ふ》やさない保存方法です。調理前の食材や、調理後の料理など、さまざまな冷凍《れいとう》保存があります。

冷凍《れいとう》野菜・くだもの

家庭でもできますし、冷《れい》凍食品《とうしょくひん》として購入《こうにゅう》できるものもあります。そのまま使えるように切ったり、必要なら火を通したりしてから冷凍《れいとう》します。

地域《ちいき》の保存食

日本全国に、地域《ちいき》の特産品や気候風土を生かした保存食があります。ここではその一部を紹介《しょうかい》します。みなさんのまわりにも、どんな保存食があるのか調べてみましょう。

❶ 沖縄県

コーレーグース

島トウガラシそのものを指すこともありますが、おもに、泡盛《あわもり》（沖縄の酒）に島トウガラシをつけこんだ、からい調味料のことです。

❷ 鹿児島県

あく巻《ま》き

灰《はい》をとかした「あく（灰汁《はいじる》）」にもち米と竹皮をつけ、その竹皮でもち米を包んで、あくでゆでてつくります。西郷隆盛《さいごうたかもり》が西南戦争《せいなんせんそう》（1877 年）のときに保存食として用いたことでも知られています。

❸ 大分県

ゆずの皮煮《かわに》

ユズの産地ならではの保存食です。ユズの皮を砂糖《さとう》につけ、水を加えてゆっくり煮《に》こんで照りをだします。

ごまだし

焼いた白身魚とゴマ、調味料をすり合わせてつくる、だしのもとです。「ごまだしうどん」として、うどんにのせて食べるのが一般的《いっぱんてき》です。

❹ 島根県

笹巻《ささま》き

出雲地方《いずもちほう》に古くから伝わる、米粉《こめこ》を練ったものを笹《ささ》の葉《は》で細く巻《ま》いてゆでた、端午《たんご》の節句《せっく》の料理です。西日本の各地でもつくられています。

❺ 高知県

とうふの梅酢《うめず》づけ

とうふを水切りしてから焼き、梅酢《うめず》につけた、津野山《つのやま》地区《ちく》に伝わる保存食です。水分がぬけ、チーズのような食感になります。

❻ 兵庫県

干《ほ》しだこ

明石近海《あかしきんかい》でとれたタコを、そのままの姿《すがた》で干《ほ》した保存食です。タコがまるで凧《たこ》のように風にゆれる様子は、播磨灘《はりまなだ》周辺の夏の風物詩といわれています。

❽ 長野県

干《ほ》し柿《がき》 くだもののカキを干《ほ》した保存食です。そのままではしぶくて食べられないシブガキでも、干《ほ》すことであまい味に変化します。(16 ～ 19 ページ参照《さんしょう》)

❼ 京都府

千枚《せんまい》づけ

大きなもので４～５キロになる京都の伝統《でんとう》野菜《やさい》「聖護院《しょうごいん》カブ」のつけものです。江戸時代に御所《ごしょ》(天皇《てんのう》の住まい)の料理人が考えたといわれています。

干《ほ》しゆば

豆乳《とうにゅう》を温めると表面に膜《まく》ができます。それをすくいとったのがゆばで、乾燥《かんそう》させることで保存食になります。精進料理《しょうじんりょうり》として、全国でつくられるようになりました。

❾ 静岡県

伝統《でんとう》保存食の「潮《しお》カツオ」で町おこし

潮《しお》カツオ

西伊豆《にしいず》の田子地域《たごちいき》だけでつくられてきた伝統的《でんとうてき》な保存食です。カツオ漁の船主の家で、11 月ごろから塩づけにされ、正月の縁起物《えんぎもの》やお供《そな》えとして、船員や船の関係者に配っていたようです。稲《いな》わらで飾《かざ》られ、玄関先《げんかんさき》の正月飾《しょうがつかざ》りとしてつるします。

世界で唯一《ゆいいつ》といえる潮《しお》カツオを、親しみやすい加工品にして、西伊豆《にしいず》地域《ちいき》の活性化《かっせいか》につながる特産品として活用がすすんでいます。

◀玄関先《げんかんさき》に飾《かざ》られた潮《しお》カツオ。

▲潮《しお》カツオを焼いてほぐした身の入ったお茶づけのもと。そのほかに、ほぐした身だけの加工品や、薄切《うすぎ》りにした真空パックなどもあります。

10 千葉県

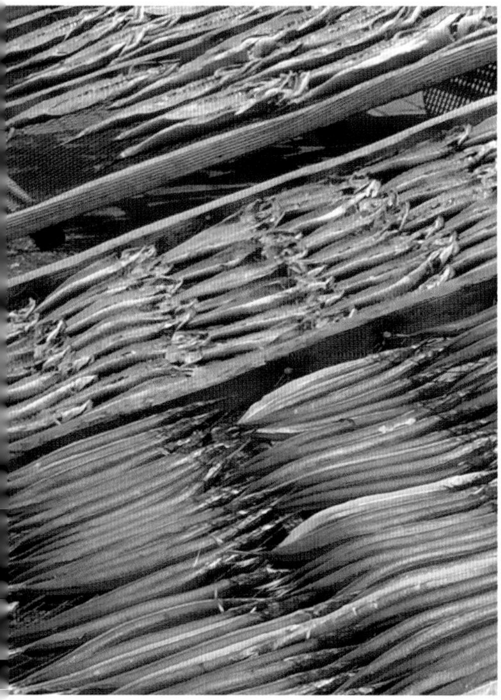

ひもの

太平洋と東京湾《とうきょうわん》に囲《かこ》まれた房総半島《ぼうそうはんとう》では、海沿《うみぞ》いのあちこちで魚介《ぎょかい》を天日《てんぴ》干《ぼ》しする風景が見られます。アジやサンマ、イカなど、さまざまなひものがつくられています。

11 茨城県

凍《し》みこんにゃく

コンニャクイモからつくったこんにゃくを、冬に外にならべ、夜に凍《こお》らせ、昼間に日光でゆっくり解《かい》凍《とう》、これを何日もくり返すことで、乾燥《かんそう》させてつくります。

12 山形県

笹巻《ささま》き

庄内地方《しょうないちほう》に伝わる料理です。島根県など西日本では米粉《こめこ》からつくりますが、ここではもち米をそのままつめてつくるのが特徴《とくちょう》です。

13 秋田県

いぶりがっこ

ダイコンを小屋につるし、火をたいて熱とけむりでいぶして乾燥《かんそう》させてから、米ぬかにつけてつくります。燻製《くんせい》の香りがつけものに残ります。

14 北海道

こんぶ

日本で食べられるこんぶの90パーセントが北海道産です。その中でも写真の利尻《りしり》こんぶは高級品として有名です。天然ものと養殖《ようしょく》ものがあり、写真は天然ものです。

儀礼《ぎれい》やお供《そな》えの保存食

日本では、神や仏《ほとけ》へのお供《そな》えや、冠婚葬祭《かんこんそうさい》などの儀礼《ぎれい》の中でも、保存食はかかせません。どんなものがあるのか、見てみましょう。地域《ちいき》による特色もあります。

お供《そな》えから儀礼品《ぎれいひん》になった「のしあわび」

アワビをむくように薄《うす》く切り、たたいてのばし（のし）、干《ほ》して乾燥《かんそう》させたものが「のしあわび」です。かなり古くから、三重県の鳥羽《とば》でつくられるのしあわびが、伊勢神宮《いせじんぐう》に奉納《ほうのう》されています。室町《むろまち》時代に定まった礼法の中で、「のす」が「延《の》べる（＝長くなる）」という意味につながり、「寿命《じゅみょう》やよいことが長く続くよう」「家が代々続き栄えるよう」という意味をこめて、儀礼《ぎれい》に使われるようになりました。お金を入れる「のし袋《ぶくろ》」の右上に飾《かざ》られているのは、のしあわびをかんたんに表現《ひょうげん》したものです。

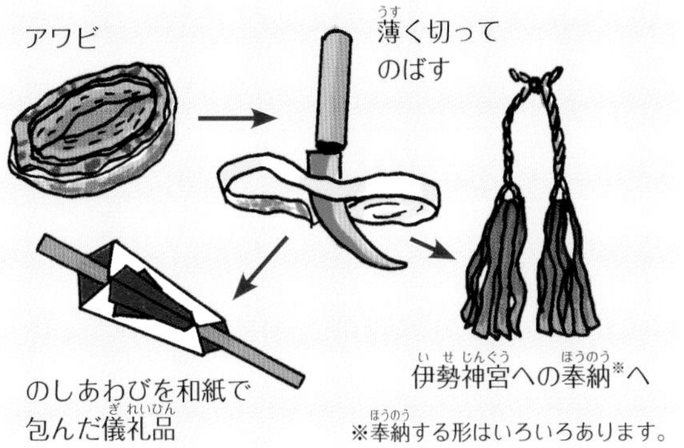

※奉納《ほうのう》する形はいろいろあります。

愛知から伊勢《いせ》へ船で運ばれる「おんべ鯛《だい》」

「おんべ鯛《だい》」は、愛知県の篠島《しのじま》でつくられるタイのひもので、1000年以上前から毎年508尾《び》、伊勢神宮《いせじんぐう》に奉納《ほうのう》しています。内臓《ないぞう》をとって塩づけにしたタイを、10日間神聖《しんせい》な場所でねかし、そのあと天日《てんぴ》に干《ほ》してつくります。つくる人は白装束《しろしょうぞく》に身を包み、つくること自体がおごそかな神事となっています。おんべ鯛《だい》は、「唐櫃《からびつ》」といわれる木の箱に入れて、「太一御用船《たいちごようぶね》」で運びます。「おんべ」とは「御弊」と書き、神社などで神職《しんしょく》の人がふる和紙のついた棒《ぼう》のことです。捧《ささ》げるものとして、この名がついたのかもしれません。

おんべ鯛《だい》が太一御用船《たいちごようぶね》で運ばれる、「おんべ鯛奉納祭り《だいほうのうまつ》」の様子。

お供《そな》えや縁起物《えんぎもの》になるさまざまな乾物《かんぶつ》

神様にお供《そな》えするものを「神饌《しんせん》」といいます。日本のくらしにかかせないものが多くあります。家庭の神棚《かみだな》にもあげられるのが米・酒・塩・水などですが、このうち水以外は保存食ともいえるものです。さらに神事のときには、右の図のように乾物《かんぶつ》が供《そな》えられることがあります。また、結婚の約束の儀式《ぎしき》である「結納《ゆいのう》」でも縁起《えんぎ》をかついだ乾物《かんぶつ》が登場します。スルメイカ→長期保存できることから食に不自由しないように、こんぶ→子孫繁栄《しそんはんえい》と「よろこぶ」にちなんで、男性《だんせい》から女性《じょせい》に贈《おく》られます。

●神饌《しんせん》の例

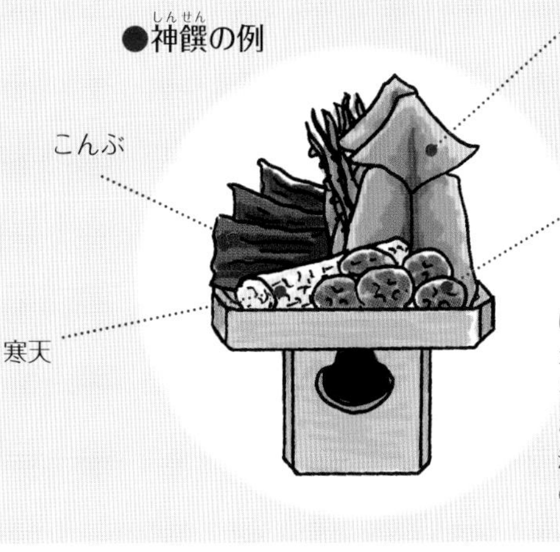

ほかに、かんぴょうやカツオ節など、いろいろな組み合わせの例がありますが、山の幸と海の幸の両方を供《そな》えるのが一般的《いっぱんてき》です。

保存食の技《わざ》を見てみよう

ひものづくりのスゴ技《わざ》

海や川でとれた魚介《ぎょかい》は、昔から塩と乾燥《かんそう》によるひものにして日もちさせていました。静岡県・西伊豆《にしいず》のひもの専門店《せんもんてん》「海《かい》産屋《さんや》」のひものづくりを見ていきましょう。

キビナゴのひものづくり

小さな魚キビナゴは、塩加減《しおかげん》も干《ほ》す時間も、多過《おおす》ぎないように、ちょうどよい加減《かげん》にしあげるのに気をつかいます。

身がつぶれないように
やさしく持ち、温度が
上がらないよう
手早く刺《さ》す！

竹ぐしに、キビナゴを９尾《び》ずつ、エラのあたりを刺《さ》していきます。小さな魚は連《れん》にして、あつかいやすくします。

太陽と風で乾《かわ》かす天日《てんぴ》干《ほ》し

太陽の光でキラキラ光るキビナゴ

自然の天日と風で乾燥中《かんそうちゅう》。小さい魚は乾燥《かんそう》しすぎないように、状態《じょうたい》を見ながら２～３時間干《ほ》します。

キンメダイのひものづくり

生か解凍《かいとう》ものかで塩の濃《こ》さを調整します。生は塩が浸透《しんとう》しにくいので濃《こ》いめに、一度凍《こお》らせた魚は薄《うす》めに塩加減《しおかげん》をして干《ほ》します。

1 さばく

ひと息に切ることがたいせつ！

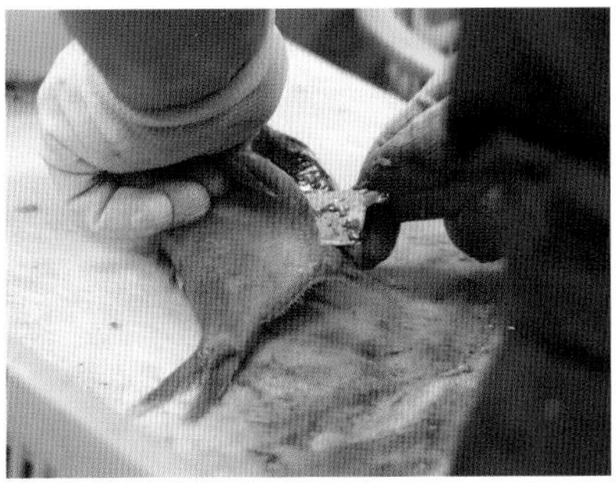

腹《はら》を切って、内臓《ないぞう》を取り出します。

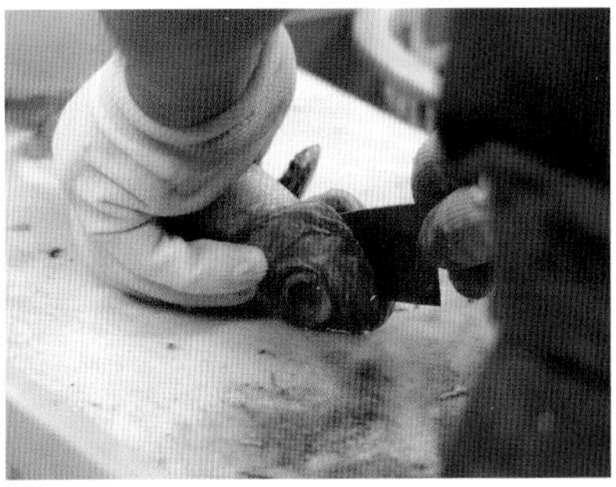

頭のかたい部分に切れ目を入れて、開きやすくします。

中骨《なかぼね》に沿《そ》って包丁を入れ、身を開きます。何度も包丁を入れなおすと、身がくずれてしまうので、一気に切ります。

2 洗《あら》う

手をかけすぎると身が温まってしまうため、流水の勢《いきお》いで、身を洗《あら》います。

3 塩汁《しょしる》につける

15 パーセント前後の塩気にした塩水「塩汁《しょしる》」に、約 10 ～ 20 分つけます。塩分や時間の加減《かげん》は、そのときの魚によって調整します。

4 乾燥《かんそう》

木わくに網《あみ》をはったせいろに、魚をならべて、専用《せんよう》の機械で風を送って乾燥《かんそう》させます。赤い魚は天日で干《ほ》すと色が悪くなりやすいため、機械を使うのです。1 時間半～ 2 時間で完成するまでの間、せいろの位置や向きを変えて、しあがりを調整します。

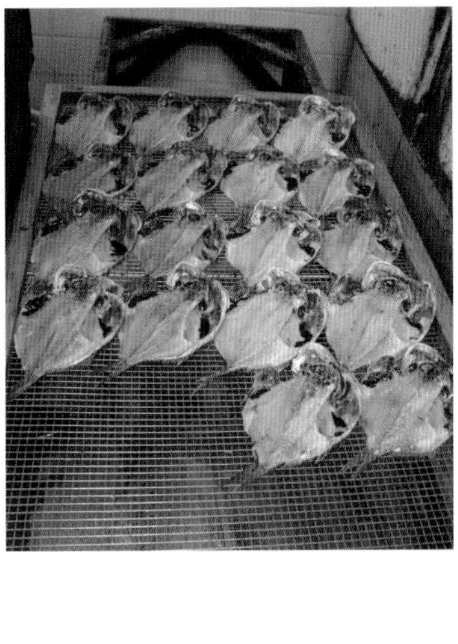

機《き》械《かい》干《ぼ》しは
色よく
しあがる

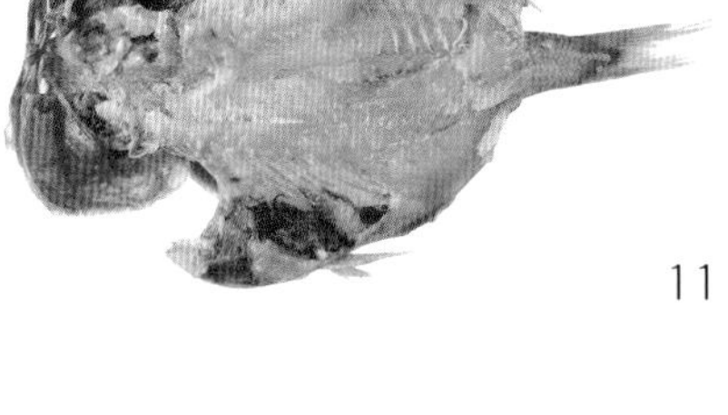

そうめんづくりのスゴ技《わざ》

手のべそうめん発祥《はっしょう》の地とされる奈良県の三輪《みわ》（桜井市《さくらいし》）では、今もそうめんづくりの伝統《でんとう》の技《わざ》が受けつがれています。三輪《みわ》そうめんの技《わざ》を見てみましょう。

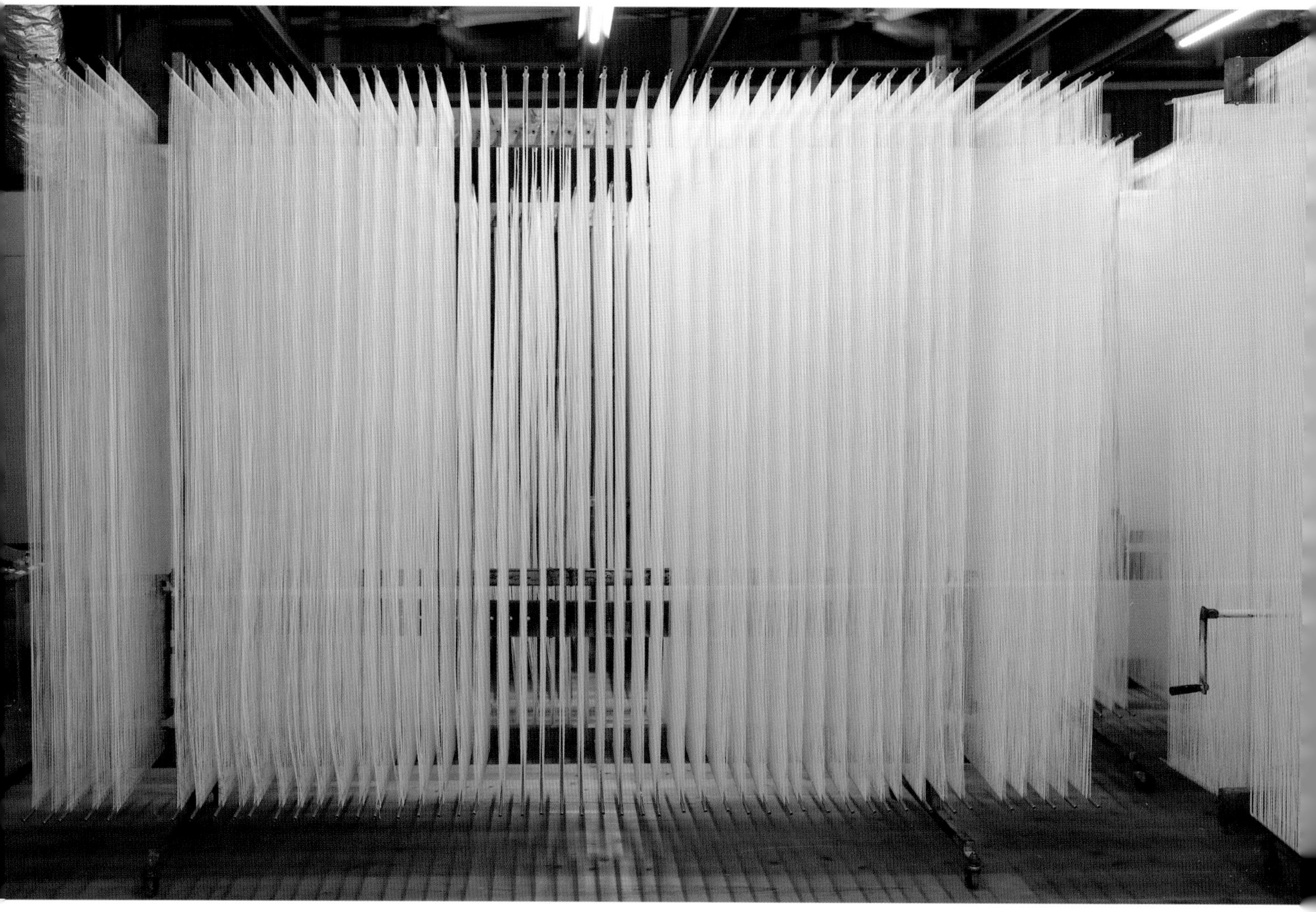

ゆっくりじっくり細くのばしたそうめんを乾燥《かんそう》させているところです。
秋は1日間、冬は2日間かけてつくります。

ウマシ

熟成《じゅくせい》のことを「ウマシ」といいます。生地《きじ》をのばす過程《かてい》で、何度かねかせて熟成《じゅくせい》させます。タンパク質《しつ》の一種「グルテン」のはたらきで弾力《だんりょく》が増《ま》し、コシのあるめんになるのです。

そうめんづくりの流れ

❶ 生地《きじ》づくり

小麦粉《こむぎこ》に塩水をまぜて機械でこねまぜ、生地《きじ》にします。

❷ 少しずつ細く

何度も機械を通して、少しずつ細くしていきます。

❸ 8の字にかける

干《ほ》すための管《くだ》2本に、長いめんを8の字にかけます。

❹ のばす

2種類の機械を使い、約2メートルの長さにのばします。

❺ 門干《かどぼ》し・さばき

めんを乾燥《かんそう》させます。くっつかないようにほぐすのもたいせつです。

❻ しあげ

長さをそろえて束にして、箱づめするまでおこないます。

1 生地《きじ》づくり

そうめんは、小麦粉《こむぎこ》と塩水が基本《きほん》の材料です。
前日に材料を用意しておき、当日まだ暗い早朝から作業がはじまります。

そうめんづくりの要だよ！

塩水づくり

前日の作業の最後に、翌日《よくじつ》用の塩水をしこみます。翌日《よくじつ》の気温や湿度《しつど》を予想し、それにより塩の濃《こ》さを微調整《びちょうせい》するのです。これがそうめんづくりの一番肝心《かんじん》なところで、めんの良し悪しを決めます。

こねる

専用《せんよう》の機械で小麦粉《こむぎこ》と塩水をこねて生地《きじ》をつくります。かたよりがないよう、手を入れながらおこないます。

まとめる

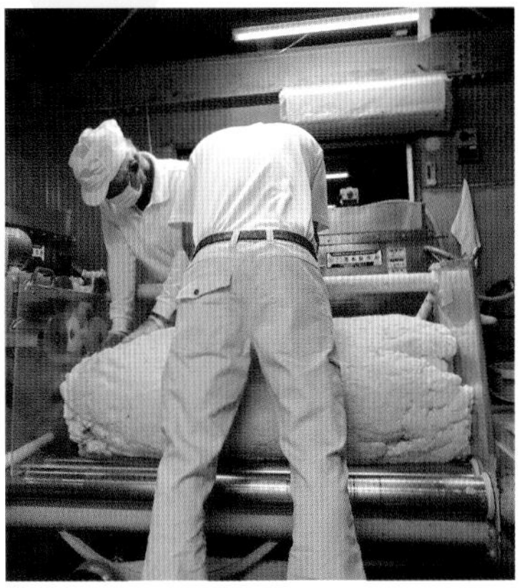

上から体重をかけて押《お》しながら、下で金属《きんぞく》のローラーが回ることで、生地《きじ》をまとめ、なめらかな状態《じょうたい》にしていきます。

2 少しずつ細く

生地《きじ》を帯状《おびじょう》にしてから、少しずつ細くしていきます。ときどき熟成《じゅくせい》させたり、撚《よ》りをかけることで、コシのあるめんにします。

3×10センチの帯状《おびじょう》に

まとめた生地《きじ》を帯状《おびじょう》にする「めん帯《たい》」の作業です。昔は平たくのばし、包丁でうずのように切っていました。

直径3～4センチに

帯状《おびじょう》の生地《きじ》を、丸い断面《だんめん》の棒状《ぼうじょう》にのばしていきます。

直径約2センチに

ウマシ

綿実油《めんじつゆ》※で、めんのくっつきと、乾燥《かんそう》を防《ふせ》ぐよ！

2本の生地《きじ》を合わせながら、さらに細くのばしていきます。生地《きじ》のムラをなくすためです。

直径約9ミリに

ねじり（撚《よ》り）ながら、さらに細くしていきます。ねかせて熟成《じゅくせい》させることで、のびやすくなります。

ここまでは、つぶすようにして、細くしているよ

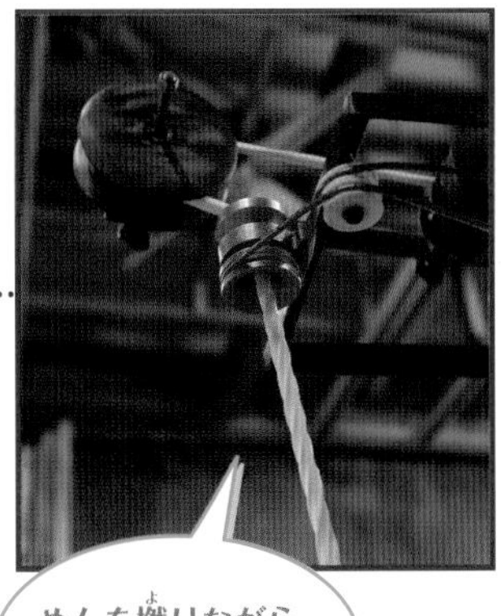

めんを撚《よ》りながら、機械に送っていくよ

※綿実油《めんじつゆ》とは、ワタの種を原料にした植物油です。

3 8の字にかける

9ミリのめんを、約20センチはなした2本の金属《きんぞく》の棒《ぼう》「管《くだ》」の間に、8の字にかけていく「かけ巻《ま》き」の作業です。このあと、引っぱってのばすための準備《じゅんび》です。

専用《せんよう》の機械により、40秒弱で、めんが管《くだ》にかけられていきます。同じ間隔《かんかく》で、同じ力加減《ちからかげん》でかけることがたいせつです。

いくつもの車があり、めんが複雑《ふくざつ》に通る間に撚《よ》られていきます。

同時に2セットできる機械です。1人で2台あやつる場合もあります。

ウマシ

かけ巻《ま》きしたものは、木の箱「フロ」にかけて、1時間以上熟成《じゅくせい》させます。寒い冬は次の日までねかせます。

4 のばす

ここからは、めんを引っぱってのばし、細くしていく作業です。段階《だんかい》をつけながら、少しずつのばしていきます。

ウマシチェック

熟成《じゅくせい》がすすみ、のばしやすい状態《じょうたい》になったか確認《かくにん》します。手で引いて、弾力《だんりょく》の加減《かげん》を感覚で判断《はんだん》します。

小引《こび》き

左へ送られながら、5段階《だんかい》で徐々《じょじょ》にのばして、約30センチにします。そのあと、ふたたび「フロ」に入れてねかせます。

ウマシ

分《わ》け機《き》

専用《せんよう》の機械で、めんをはなしながら、一気にのばし、2メートル弱の長さにします。同じ力と速さでのばすことがたいせつです。

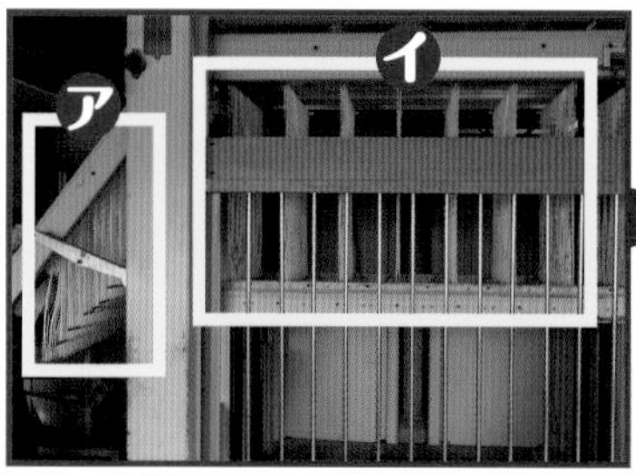

管《くだ》をアにかけると、イに自動的に送られていきます。

8の字にかけているめんの間に、棒《ぼう》を2本入れて開くことで、からまずにはなれます。

あっという間に5～6倍くらいの長さに！

5 門干《かどぼ》し・さばき

約2メートルの長さで固定する道具に管《くだ》をさし、乾燥《かんそう》させます。昔は外で干《ほ》していたために「門干《かどぼ》し」といいます。気温や湿度《しつど》によって、風や温度を調整します。

◀めんがかたくなる前に、細い棒《ぼう》の「はし」でめんをはなす「さばき」は、手作業でおこないます。

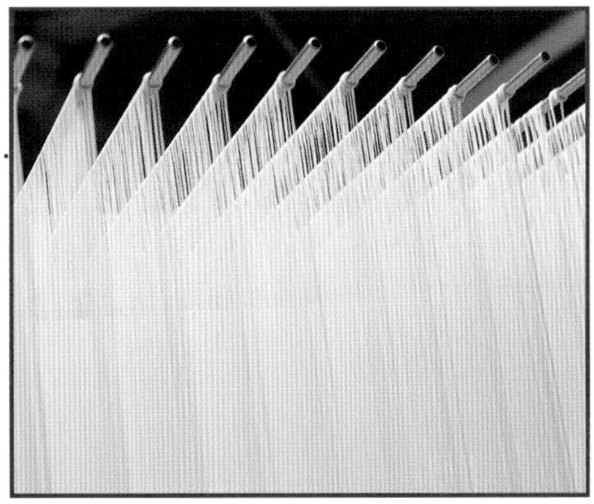

▲1センチ以下の細い管《くだ》をガイドにして、奥《おく》まではしを入れて開くのは、熟練《じゅくれん》の技《わざ》が必要です。

▲水分が約10～12パーセントになれば乾燥《かんそう》は終了です。状態《じょうたい》を目や手触《てざわ》りで確認《かくにん》しながら、水分計でチェックします。

6 しあげ

決まった長さに切り、束にするまでが製《せい》めん工場の仕事です。
手慣《てな》れたスタッフたちの流れ作業で、次々にしあげられていきます。

19センチにカット

管《くだ》の部分は折ってはずし、カット台にねかせて専用《せんよう》の大きな包丁を一気におろし、19センチの長さに切っていきます。

切り口をそろえる

大きな束にまとめて、両端《りょうはし》をけずって長さをそろえます。

小束にまとめる

50グラムずつの束にして帯をつけたらできあがりです。

＼できあがり！／

（調理例）

箱に入れてねかせます。秋から冬につくったそうめんは、梅雨《つゆ》をこしてから出荷《しゅっか》します。ねかせることで、よりコシのあるめんになるのです。

干《ほ》し柿《がき》づくりのスゴ技《わざ》

長野県は干《ほ》し柿《がき》の出荷量が日本一です。その中でも中心的につくっているのが南信州《みなみしんしゅう》の「市田柿《いちだがき》※」です。４代続く干《ほ》し柿《がき》農家の橋都《はしづめ》さんに、こだわりの干《ほ》し柿《がき》づくりについて、教えてもらいましょう。

※市田柿《いちだがき》とは、シブガキの品種であり、南信州《みなみしんしゅう》でつくられる干《ほ》し柿《がき》のブランド名にもなっています。

たくさんのカキを効率《こうりつ》よく干《ほ》すためのオレンジ色の「柿《かき》のれん」は、南信州《みなみしんしゅう》の風物詩といわれています。

干《ほ》し柿《がき》ができるまで

栽培《さいばい》

干《ほ》し柿《がき》づくりは、カキの栽培《さいばい》からはじまります。

収穫《しゅうかく》

10月末あたりから、熟《じゅく》した実を収穫《しゅうかく》していきます。

柿《かき》むき

専用《せんよう》の機械で皮をむいてヘタをとり、軸《じく》を残します。

乾燥《かんそう》

柿《かき》のれんをつくってつるしたあと、天日干《てんぴぼ》しをしてしぶみをぬきます。

できあがり

「柿《かき》もみ」と「ねせこみ」をくり返してしあげます。

❶ 栽培《さいばい》・収穫《しゅうかく》

晩秋《ばんしゅう》の土づくりからはじまり、せん定（枝切《えだぎ》り）、芽が出るころの霜《しも》よけ、実の選別（大きい葉5枚《まい》に玉をひとつ残す）、枝《えだ》の整理など1年中手をかけて、翌年《よくとし》10月末から収穫《しゅうかく》します。

実が熟《じゅく》す10月末から収穫《しゅうかく》がはじまります。色づきなどで判断《はんだん》し、実をやさしく持って左右どちらかにふると、ぽろっととれる角度があります。つるすために軸《じく》を残すことがたいせつです。

1人で1日あたり、25～30箱分を収穫《しゅうかく》します。1箱は約20キロ（150～200個《こ》）ですから、重労働《じゅうろうどう》です。

❷ 柿《かき》むき・柿《かき》のれんづくり

収穫《しゅうかく》したカキは、軸《じく》を残してヘタをとり、皮をむいてから、のれんのようにつるしていきます。

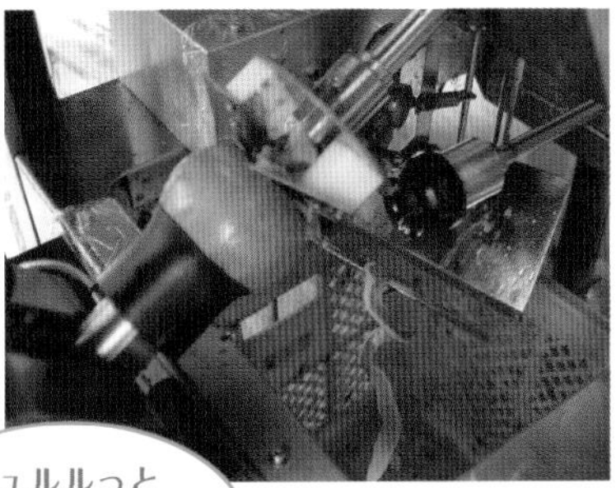

ヘタとり

実の下側を空気圧《くうきあつ》で固定し、軸《じく》を残してヘタをとります。

皮むき

同じ機械で、今度は軸側《じくがわ》を固定して、皮をむいていきます。

柿《かき》むき

ヘタとりと皮むきを合わせて「柿《かき》むき」といいます。むいた実は、コンテナにまとめ、次の作業に移《うつ》ります。

つるし作業

軸《じく》をはさむクリップが約20個《こ》ついたひもを、竹ざおに3～6本ずつかけます。軸《じく》をクリップにはさんで、柿《かき》のれんにしていきます。これを「連《れん》づくり」といいます。

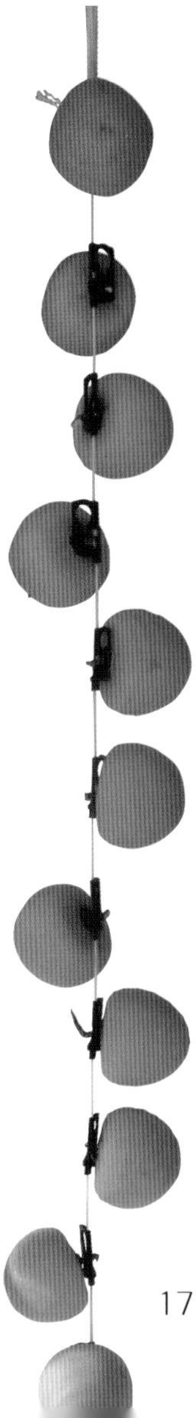

3 硫黄燻蒸《いおうくんじょう》

硫黄《いおう》などを熱して、カキをいぶします。ゆっくり乾燥《かんそう》させるのがおいしい干《ほ》し柿《がき》をつくるポイントですが、乾燥《かんそう》させているあいだに酸化《さんか》して変色するのを予防《よぼう》する作業です。

運ぶための枠《わく》に柿《かき》のれんをかけ、下に硫黄《いおう》などを用意し、温めます。

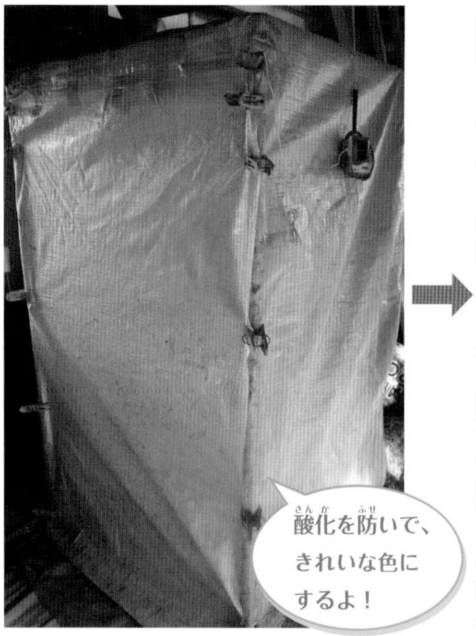

枠《わく》ごとシートでおおい、けむりを中に充満《じゅうまん》させます。

燻蒸《くんじょう》がおわったところ。けむりが少し残っているのがわかります。

4 乾燥《かんそう》

柿《かき》のれんを、干《ほ》す部屋に運び、間隔《かんかく》をあけてつるしていきます。竹ざお１本分の柿《かき》のれんはとても重く、それを頭より高い位置にかけるのはたいへんな作業です。

燻蒸《くんじょう》した枠《わく》ごと、柿《かき》のれんを干《ほ》す部屋に移動《いどう》します（ここでは2階）。

柿《かき》のれんのかたちで干《ほ》すのは約 20 日間です。毎日、気温や湿度《しつど》、風の向きを確認《かくにん》し、せんぷう機や窓《まど》の開《あ》け閉《し》め、柿《かき》のれんの配置などで、乾燥《かんそう》具合を調整します。

しぶみがぬけるまで(検査薬《けんさやく》で確認《かくにん》)、柿《かき》のれんでつるします。皮をむいたときの重さの 35 パーセントくらいになっています。

晩秋《ばんしゅう》から初冬にかけて、晴れた朝には天竜川《てんりゅうがわ》に川霧《かわぎり》が発生します。これにより、適度《てきど》に湿度《しつど》が保《たも》たれ、ゆっくり乾燥《かんそう》し、おいしい干《ほ》し柿《がき》ができるのです。

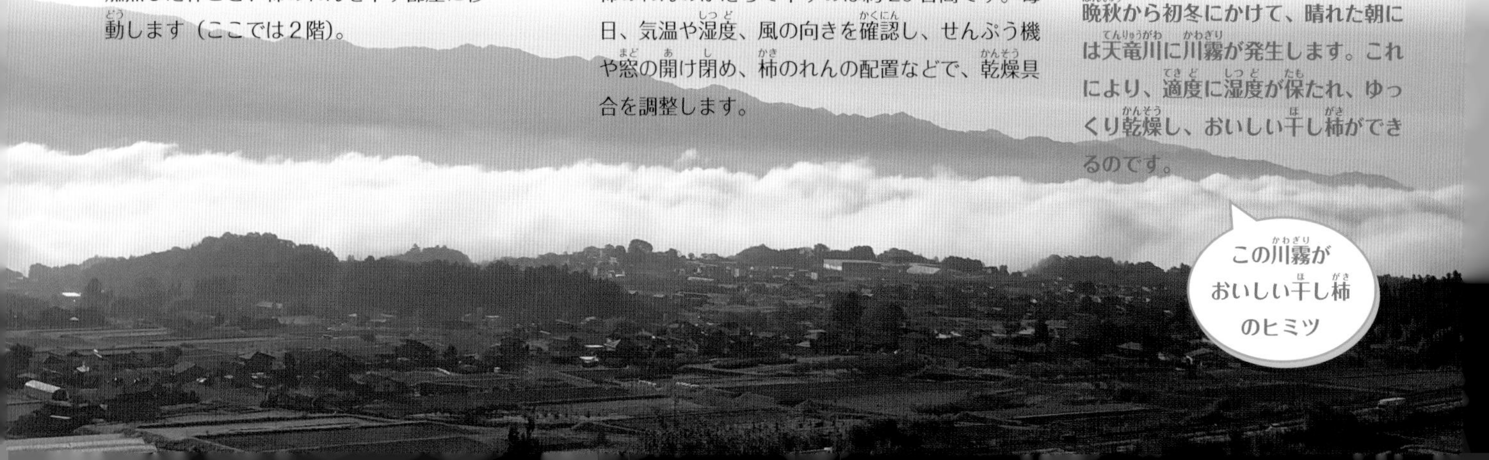

5 天《てん》日《び》干《ぼ》し

しぶみがぬけたカキを、天《てん》日《び》干《ぼ》しして、最終的な水分調整をします。

日光浴でもっとおいしく！

のれんはずし

のれんを竹ざおからおろし、1個《こ》ずつ実をはずしていきます。

ほぞ切り

つるすために残しておいた軸《じく》（ほぞ）を切り落とします。そのあとの工程《こうてい》で実を傷《きず》つけないために、必要な作業です。

天《てん》日《び》干《ぼ》し

かごに入れ、晴れた日にならべ、天《てん》日《び》干《ぼ》しにします。この作業で、残す水分量を調整します。

6 柿《かき》もみ・ねせこみ・粉出《こなだ》し

干《ほ》し柿《がき》の白い粉《こな》はブドウ糖《とう》（あまみ）が表面に出てきたものです。きれいに粉《こな》をふかせるために、干《ほ》した実を、もんだりねかせたりします。この作業を「粉出《こなだ》し」といいます。

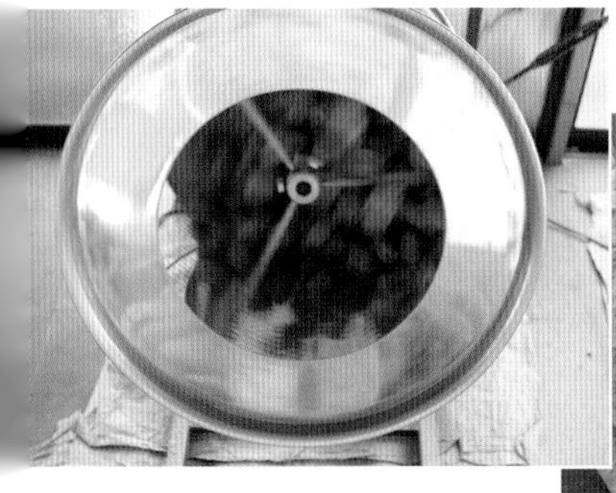

柿《かき》もみ

回転するドラム式機械で柿《かき》もみをします。実の中心部分の水分を外側に押《お》し出《だ》し、シワのない干《ほ》し柿《がき》にし、きめ細かい粉《こな》を出すための作業です。実の状《じょう》態《たい》を見て、もむ時間（1～15分）を決めていきます。

柿《かき》もみとねせこみを交互《こうご》に、5～6回おこないます

ねせこみ

はじめのうちは米袋《こめぶくろ》などの紙の袋《ふくろ》に入れて呼吸《こきゅう》できるようにしてねかせ、粉《こな》がふいてきたらビニール袋《ふくろ》に入れてねかせます。これを「ねせこみ」といいます。

しあがりチェック

1個《こ》ずつの実を確《かく》認《にん》して選別します。市《いち》田《だ》柿《がき》のブランドを保《たも》つためのたいせつな作業です。

できあがり！

収穫《しゅうかく》から1か月以上かけて、干《ほ》し柿《がき》が完成します。

保存食の工場見学

カップめんの工場

インスタントラーメンは、1958年に日本で生まれた保存食です。今もかわらず世界中で愛されている日清食品《にっしんしょくひん》の「カップヌードル」ができる様子を見てみましょう。

スタート

生地《きじ》づくり

小麦粉《こむぎこ》に、練《ね》り水《みず》（塩などを加えた水）を入れて、よくまぜ合わせて、生地《きじ》をつくります。

生地《きじ》をのばす

生地《きじ》を平たくなめらかにしてから、何度もローラーにかけて、少しずつ薄《うす》くのばしていきます。

ふたをする

ふたをカップにのせて、約150℃の熱で密封《みっぷう》します。

カップを上からかぶせることで、台形のめんをまっすぐ入れられるようにしています

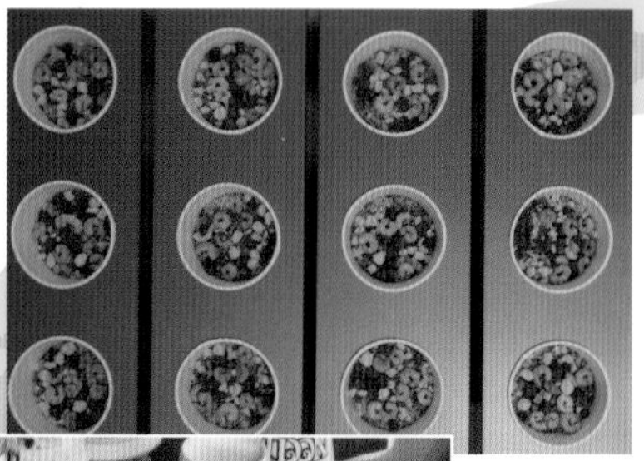

下に空間があるおかげで、お湯を入れたときにめんが均一《きんいつ》にふやけます。

カップに入れる

めんに、カップをかぶせるようにして入れていき、上からフリーズドライの具材や粉《こな》のスープを入れます。

冷やす

乾燥《かんそう》してかたくなっためんを、型《かた》からぬいて、風をあてながら冷まします。

みんなが
知っている細い
めんになるよ！

細く切る

たくさんならんだカッターで細く切り、
ラーメンらしいちぢれをつけます。

めんを蒸《む》す

切ったためんを、熱い蒸気《じょうき》にあてて
蒸《む》します。一度火を通してあるの
で安心です。

めんは長〜い
ままだよ！

めんに味つけ

めんをスープにひたして、味
をしみこませます。めんにも
薄《うす》い味《あじ》がついているのです。

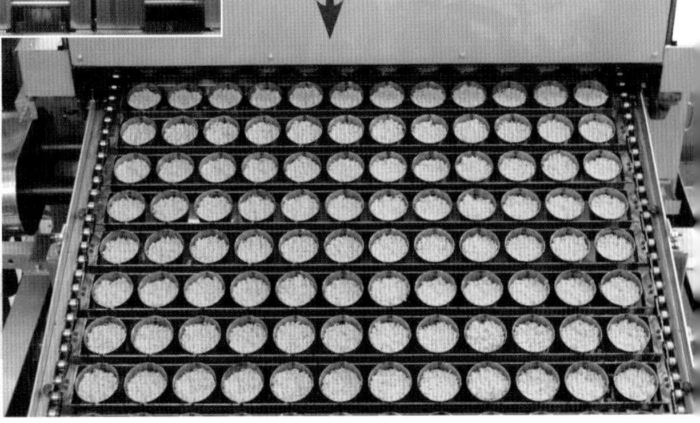

型《かた》に入れる

めんを１食分ずつカットしながら、カップに入れやすい
型《かた》に入れていきます。

ここで
乾燥《かんそう》！

油で揚《あ》げて乾燥《かんそう》

めんを約 160℃の油に入れて揚《あ》げ、水分を蒸発《じょうはつ》させることで、
乾燥《かんそう》させます。これを「瞬間《しゅんかん》油《ゆ》熱処理《ねつしょり》」といいます。

検査《けんさ》・包装《ほうそう》

透明《とうめい》なフィルムで包み、エックス線検査《せんけんさ》
をして、箱につめて店に運ばれます。

熱湯をそそいで３分待て
ば、おいしいラーメンが
食べられます。

ゴール

できあがり！

冷凍《れいとう》ギョウザの工場

手間のかかるメニューの冷凍食品《れいとうしょくひん》は、とても便利で人気がある保存食です。味《あじ》の素《もと》冷凍食品《れいとうしょくひん》の「ギョーザ」は、油・水なしでパリッパリの羽根ができるのが特長。どうやってつくられているのか、見てみましょう。

スタート

野菜の品質《ひんしつ》チェックは、ベテランの仕事

材料の準備《じゅんび》

国産の野菜（キャベツ・タマネギ・ニラなど）を、それぞれの食感やうまみが生きるように切ります。豚肉《ぶたにく》・鶏肉《とりにく》は使うときにミンチにします。

まぜる

肉を練ってから、水気を切った野菜や調味料とまぜ合わせます。かたよったり、かたまったりしないよう、やさしくふんわりまぜます。

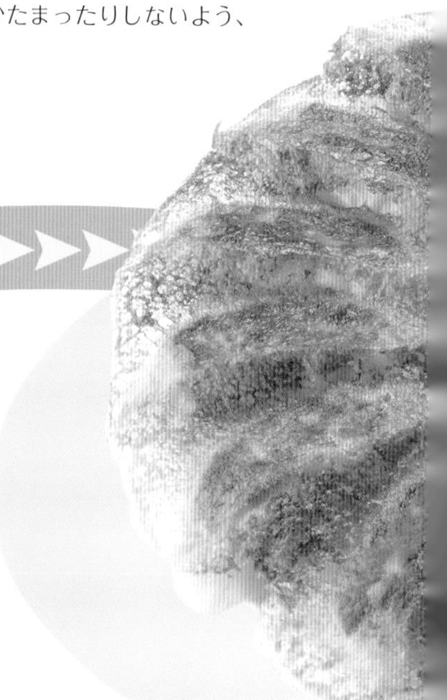

検査《けんさ》・包装《ほうそう》

乾燥《かんそう》や酸化《さんか》を防《ふせ》ぐフィルムで包み、エックス線による透視《とうし》や重さで中身をチェックします。各《かく》袋《ふくろ》にはコードが印字され、材料をどこで仕入れたか、いつだれが担当《たんとう》で切ったのかなどが、わかるようになっています。

ここで冷凍《れいとう》！

冷凍《れいとう》

マイナス 40℃で急速凍結《きゅうそくとうけつ》して、風味と鮮度《せんど》を保《たも》つようにしあげます。

＼うす～く
なったよ！／

皮をつくる

厳選《げんせん》した小麦粉《こむぎこ》を使い、水をまぜて生地《きじ》をつくります。生地《きじ》をまとめたら、何度もローラーを通して、少しずつ薄《うす》くのばしていき、丸く切ります。

＼できあがり！／

表示《ひょうじ》の通りにフライパンで焼けば、だれでもおいしいギョウザがつくれます。

ゴール

あっという間に、
ギョウザの形に！

具を包む

型《かた》に皮をしき、１個分《こぶん》ずつの具をのせ、型を合わせて包みます。

蒸《む》す

トレイにならべ入れ、そのまま蒸《む》し庫《こ》に通して蒸《む》していきます。ここで火が通っているので、家庭で焼いたときに生焼けの心配がありません。

“羽根の素《もと》”のヒミツ

「ギョーザ」ひとつずつに、油や水などをふくんだ羽根の素《もと》がついています。加熱するととけ出し、「ギョーザ」を適度《てきど》な水分で蒸《む》し焼《や》きにします。水分が蒸発《じょうはつ》し、フライパンの底に残った分が、きつね色のパリッとした羽根になります。

保存食づくりにチャレンジ！

火を使わずに、かんたんにつくれる保存食を２つ紹介《しょうかい》します。実際《じっさい》につくって、食べてみることで、もっと保存食に興味《きょうみ》がわくはずです。ほかにも、干《ほ》し野菜《やさい》など自分で調べてつくってみましょう。

干《ほ》し飯《いい》

米づくりがはじまったころからつくられ、長い間一般的《いっぱんてき》な保存食でした。寒い時期につくるのがコツです。

つくり方

❶ ごはんを洗う

たいたごはんを水で洗います。ごはんは、あまったもので大丈夫《だいじょうぶ》です。固まっている部分は、指でほぐします。

❷ 水を切る

洗ったごはんをザルにとり、水をよく切ります。キッチンペーパーやふきんなどでふくとよいでしょう。

●ポイント●

ときどきまぜて、まんべんなく乾《かわ》くようにします。夜は室内に置き、夜つゆがつくのを防《ふせ》ぎます。

❸ 天日で干《ほ》す

平たいザルにごはんを広げ、天日で３～５日間干《ほ》します。鳥の好物でもあるので、外で干《ほ》すなら、ネットなどをかぶせるとよいでしょう。

＼できあがり！／

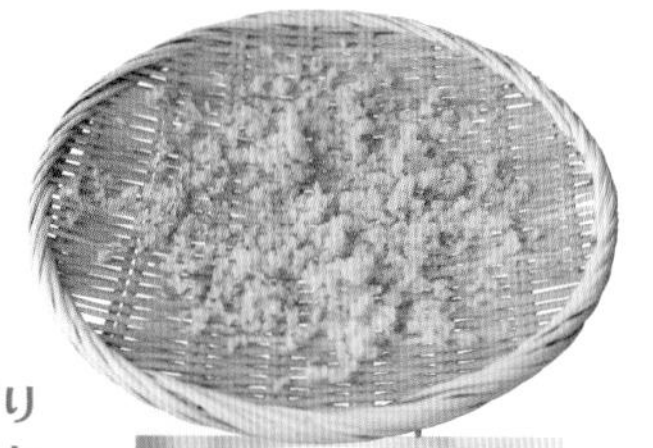

カラカラになればできあがりです。びんなどに入れて保存しましょう。

もどし方

❶ 湯を入れる

茶わんに半分くらい干《ほ》し飯《いい》を入れ、熱湯を 1.5 倍くらい加えます。

❷ ふやかす

アルミホイルなどでふたをして、約 30 分ほどふやかしたらもどります。水でふやかす場合は、1 時間以上おき、やわらかくなったら食べごろです。

／できあがり！＼

こんな食べ方も！

干《ほ》し飯《いい》を油で揚《あ》げて食べる方法もあります。揚《あ》げ油《あぶら》を約 170℃に熱し、ひとつかみくらいの干《ほ》し飯《いい》を入れます。色がつくかつかないか（10 秒前後）ですくいあげ、キッチンペーパーに広げて油を切ります。塩や砂糖《さとう》をふり、からめて食べます。

みそしる玉

みそに、だしや具材を加えて玉にした、手づくりインスタントみそしるです。みそソムリエの吹留純《ひいどめじゅん》子《こ》さんが教えてくれました。好みのトッピングで楽しんでください。

材料（5～6個《こ》分）

みそ………100グラム
だし（粉《こな》）………5グラム
乾燥《かんそう》ネギ………大さじ1
乾燥《かんそう》ワカメ………大さじ1
トッピング…好みの乾物《かんぶつ》を少しずつ

※まぜる具材やトッピングは、好みの乾物《かんぶつ》を使ってみてください（ゴマやカツオ節、ちりめんじゃこ、凍《し》みどうふ、ほか）。

つくり方

① 材料をまぜる

みそをボウルに入れてはかり、だしとネギ、ワカメを入れてよくまぜあわせます。

② トッピングの準備《じゅんび》

好みのトッピングの材料を、それぞれ器に入れて用意します。

③ みそを丸める

①を、5～6等分にして、丸めて玉にします。清潔《せいけつ》な布《ぬの》で包むと、手をふれずにつくれます。

④ トッピングする

好みでトッピングします。③のみその玉を②の器に入れてコロコロ転がしてまぶします。焼きふは､上にのせるといいでしょう。

＼できあがり！／

弁当用《べんとうよう》のカップなどに入れると、転がらずに安定します。冷蔵室《れいぞうしつ》で1週間、密閉袋《みっぺいぶくろ》に入れて冷凍《れいとう》すれば1か月ほど保存できます。

【食べ方】みそしる玉を器に入れて、150～200ミリリットルの湯をそそいでよくまぜます。

もっと保存食を知ろう

日本の保存食の歴史《れきし》

手に入れた食べものを保存することは、くらしを安定させるためにとてもたいせつな行動です。古くから、日本にどのような保存食があったのか、見ていきましょう。

貯蔵《ちょぞう》からはじまった、縄文《じょうもん》・弥生《やよい》時代

稲作《いなさく》などの農耕《のうこう》がはじまるまで、人びとは海や川の魚介類《ぎょかいるい》や、動物、植物などをとって食べていました。それらは地域《ちいき》や季節、気象条件《きしょうじょうけん》、めぐりあわせなどで、とれたりとれなかったりします。多くとれたらとっておきたいと考えるのが自然でしょう。けれども、とっておくといっても、そのまま無防備《むぼうび》に置いていたら、ほかの動物にとられてしまうかもしれません。また、日中太陽にさらされると、くさりやすいことも経験《けいけん》で学ぶでしょう。そうして生まれたのが「貯蔵《ちょぞう》」です。

縄文《じょうもん》時代中期（およそ 5900 年前～ 4200 年前）の集落の跡《あと》である三内丸山遺跡《さんないまるやまいせき》（青森県）から、巨大《きょだい》な貯蔵穴《ちょぞうけつ》が見つかりました。地下は、温度が一定に保《たも》たれ、食物がくさりにくい貯蔵場所《ちょぞうばしょ》であることを知っていたのでしょう。当時の人びとの食料である、クリやトチ、クルミなどの木の実などがたくわえられていたと考えられています。

その後、稲作《いなさく》がおこなわれるようになると、収穫《しゅうかく》した米を年間通して食べられるように、乾燥《かんそう》させて、倉に保存するようになります。貯蔵《ちょぞう》はただためて置いておくことですが、保存は、そのものがよい状態《じょうたい》を保《たも》つように置いておくことです。乾燥《かんそう》で水分量を減《へ》らし、高《たか》床《ゆか》の倉庫で温度と湿度《しつど》を一定に保《たも》ち、ネズミに食べられる被害《ひがい》を減《へ》らすようにして、保存したのです。

保存食は、人びとが安定したくらしをするために、なくてはならないものとなっていきました。

▲貯蔵穴《ちょぞうけつ》
三内丸山遺跡《さんないまるやまいせき》で発掘《はっくつ》された、深さ２メートル以上もある貯蔵穴《ちょぞうけつ》の跡《あと》。

◀高床式倉庫《たかゆかしきそうこ》
弥生《やよい》時代の集落の跡《あと》である、登呂遺跡《とろいせき》（静岡県）で再現《さいげん》された、米を保存していたと考えられる高床式倉庫《たかゆかしきそうこ》。

◀縄文《じょうもん》ポシェット
三内丸山遺跡《さんないまるやまいせき》で発掘《はっくつ》された、ヒノキ科の木の皮で編《あ》んだ小さな袋《ふくろ》「縄文《じょうもん》ポシェット」と、その中に入っていたクルミ。

ごはんを干《ほ》した「糒《ほしいい》」

米をたいて（または煮《に》て）から干《ほ》したものは、弥生《やよい》時代の遺跡《いせき》から発掘《はっくつ》されています。古墳《こふん》時代には、狩《かり》や戦、農作業など家からはなれた場所へ長期間移動《いどう》する際《さい》に、保存できる食料として糒《ほしいい》を持ち歩いていたとされる説もあります。

奈良《なら》時代にまとめられた『日本書紀』、平安時代の『伊勢物語《いせものがたり》』では旅の弁当《べんとう》として、保存がきき、調理しないで食べられる糒《ほしいい》が用いられていたことが書かれています。

昔はそのまま口の中でふやかすように食べていたようです。のちに湯にひたしてふやかす方法も出てきます。もっとも古いインスタント食品といえるかもしれません。(24 ページ参照《さんしょう》)

食文化が発展《はってん》した、飛鳥《あすか》・奈良《なら》・平安時代

飛鳥《あすか》時代以降（592年〜）、中国や朝鮮半島《ちょうせんはんとう》との交流から、さまざまな文化が取り入れられ、食生活にも大きく影響《えいきょう》をおよぼしました。平安時代まで（〜1185年）の政治《せいじ》・経済《けいざい》・社会・くらしなどをくわしく記録しているのが「正倉院文書《しょうそういんもんじょ》」や『延喜式《えんぎしき》』（※1）です。今につながる日本の食文化を知るうえで貴重《きちょう》な資料となっています。保存食である米などの穀物《こくもつ》の記録や、干《ほ》し肉《にく》や魚のひもの、つけものの食材の選び方やつくり方などのくわしい説明もありました。つけものは、おもにウリやナス、青菜が使われ、塩づけ、粕《かす》づけ、ひしおづけ（みそのもと）、酢《す》づけなどもあったようです。乾燥《かんそう》させる保存、塩などの味つけによる保存のほか、粕《かす》やみそなどがあったことから、発酵《はっこう》による保存方法もあったことがわかります。

また、1986〜1989年にかけて、奈良文化財研究所《ならぶんかざいけんきゅうじょ》によって発掘《はっくつ》された長屋王家木簡《ながやおうけもっかん》（※2）に「軍布《め》（海藻《かいそう》）」「紫菜《むらさきな》（のり）」「荒堅魚《あらかたうお》（煮《に》て干《ほ》したカツオ）」の記録があるので、奈良《なら》時代にはすでに海から宮中までの輸送《ゆそう》ルートがあったようです。

（※1）正倉院文書《しょうそういんもんじょ》は、奈良《なら》にある東大寺《とうだいじ》の正倉院《しょうそういん》に保管《ほかん》されていた書物です。延喜式《えんぎしき》は927年完成した法令集で、祭事や制度《せいど》など貴族《きぞく》の生活やしきたりが記録され、食事を担当《たんとう》する役職《やくしょく》についても書かれています。

（※2）長屋王《ながやおう》（684〜729年）は、奈良《なら》時代に大臣になった人物で、奈良市《ならし》に邸宅《ていたく》をかまえていました。その遺跡《いせき》から、当時の記録を残した木の板「木簡《もっかん》」が約3万5千点発掘《はっくつ》されました。

飛鳥《あすか》時代にチーズやバターがあった？

飛鳥《あすか》時代に仏教《ぶっきょう》が伝わり、肉食が禁《きん》じられました。そこで、貴族《きぞく》は不足になりがちな肉のタンパク質《しつ》のかわりに、大陸（中国や朝鮮半島《ちょうせんはんとう》）から伝わった牛乳《ぎゅうにゅう》からつくる「蘇《そ》（チーズのようなもの）」や「醍醐《だいご》（バターのようなもの）」などの乳製品《にゅうせいひん》でタンパク質《しつ》をおぎなっていました。ただし、庶民《しょみん》はこっそり狩《かり》をして肉を食べていたようです。

飢饉《ききん》で庶民《しょみん》に保存食が広まった、鎌倉《かまくら》・室町《むろまち》時代

平安時代までは中国や朝鮮半島《ちょうせんはんとう》から伝わった保存食が広まっていきましたが、武士が活躍《かつやく》しはじめる鎌倉《かまくら》時代以降（1185年〜）は、庶民《しょみん》のくふうによる保存食が発展《はってん》していきます。

きっかけのひとつが、1230年から数年間、全国的に広まった「寛喜《かんき》の飢饉《ききん》」でした。食糧危機《しょくりょうきき》が起こってからでは、対策《たいさく》はむずかしく、備《そな》えが必要だと多くの人が実感したのです。そして各地域《かくちいき》や各家庭で保存できる食材を用意しておく、防災食《ぼうさいしょく》の考えが広まりました。その後、江戸《えど》時代には『備荒録《びこうろく》』『救荒略《きゅうこうりゃく》』など、備蓄《びちく》のし方や山野草の食べ方などを解説《かいせつ》した、飢饉対策本《ききんたいさくぼん》も発行されます。

◀『民間備荒録《みんかんびこうろく》』（建部《たてべ》由正《よしまさ》 著《ちょ》・1833年）
飢饉《ききん》に備《そな》える備蓄《びちく》の方法や、災害時《さいがいじ》の応急処置《おうきゅうしょち》などの方法が、書かれています。

陣中食《じんちゅうしょく》が活躍《かつやく》した、安土桃山《あづちももやま》・戦国時代

織田信長《おだのぶなが》、豊臣秀吉《とよとみひでよし》、徳川家康《とくがわいえやす》ら戦国武将《せんごくぶしょう》が活躍《かつやく》した時代は、干《ほ》し飯《いい》（糒《ほしいい》）、炒米《いりごめ》（いりごめ）、もち、焼きみそ、梅干《うめぼ》しなどの保存食が戦での食料（陣中食《じんちゅうしょく》）として重宝《ちょうほう》されました。

地域《ちいき》の特色を生かした陣中食《じんちゅうしょく》があります。武田信玄《たけだしんげん》（甲府《こうふ》）の「ほうとう」、朝鮮出兵《ちょうせんしゅっぺい》で薩摩藩《さつまはん》が用いた「あく巻《ま》き」（鹿児島県／6ページ参照《さんしょう》）などは、今も伝わり、郷土食《きょうどしょく》として根づいています。

旅ブームで地域《ちいき》の保存食が注目された、江戸《えど》時代

戦乱《せんらん》がおさまり、安定したくらしができるようになった江戸《えど》時代（1603〜1868年）は、庶民文化《しょみんぶんか》が花開きました。食文化も各地域《かくちいき》で発展《はってん》しました。そんな中、江戸《えど》から伊勢参《いせまい》り（三重県）への旅の珍道中《ちんどうちゅう》を描《えが》いた『東海道中膝栗毛《とうかいどうちゅうひざくりげ》』（十返舎一九《じっぺんしゃいっく》著《ちょ》、1802〜1814年）が出版《しゅっぱん》されると、庶民《しょみん》の間で一大旅ブームが巻《ま》き起《お》こります。本の中では、各地域《かくちいき》のいろいろな食べものも紹介《しょうかい》されていました。今も昔もグルメは旅の楽しみだったのでしょう。

当時の人びとも、実際《じっさい》に旅に出れば、さまざまな地域《ちいき》の保存食を見て食べたはずです。地域《ちいき》の野菜のつけものや、魚介類《ぎょかいるい》の乾物《かんぶつ》やひものなどは数えきれないほどあります。また、ほんの一例ですが、江戸には佃煮《つくだに》やべったらづけがあり、小田原《おだわら》にはかまぼこがあり、奈良《なら》にはそうめんがあります。保存できるものだからこそ、安定して旅人に提供《ていきょう》できたと考えられます。旅人たちは、その場で食べて楽しんだり、長く保存できるものは土産《みやげ》にしたりしたことでしょう。

▲『大日本物産圖會《だいにほんぶっさんずえ》　同蒸鰈製造之圖《どうむしがれいせいぞうのず》』（1800年代後半）三代目歌川広重《うたがわひろしげ》 画
福井県の若狭地域《わかさちいき》で、蒸《む》したカレイを干《ほ》した「蒸鰈《むしがれい》」をつくる様子。

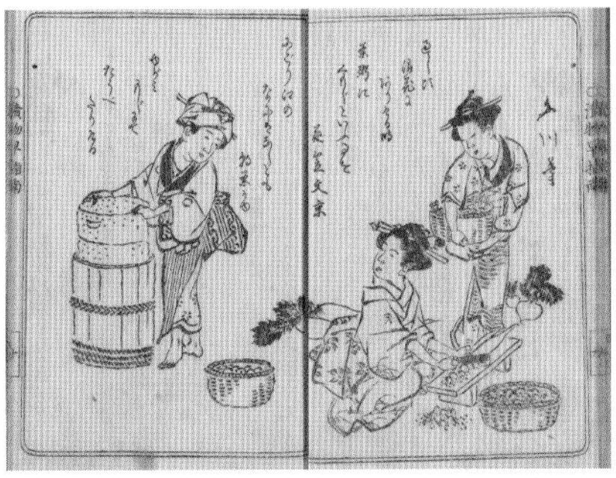

◀『四季漬物鹽嘉言《しきつけものしおかげん》』（1836年）小田原屋主人《おだわらやしゅじん》 著《ちょ》
つけもの店の主人により、64種類のつけもののつくり方が紹介《しょうかい》されています。

北前船《きたまえぶね》とこんぶロード

北前船《きたまえぶね》とは、江戸《えど》時代中期に登場した海運業です。おもに大阪から北海道への航路《こうろ》を日本海側から回って通りますが、ただ荷物を運ぶだけでなく、売り買いも一手におこなっていたことが特徴《とくちょう》です。航路沿《こうろぞ》いの多くの港でものを買ったり売ったりし、その内容《ないよう》は食べものだけでなく生活用品やし好品などもふくまれ、船の総合商社《そうごうしょうしゃ》のようでした。大阪から北海道へは、おもに米や塩、稲《いな》わらでつくられるぞうりなどの生活用品が送られ、北海道からはこんぶやニシン製品《せいひん》、干《ほ》しナマコなど、海産物《かいさんぶつ》の保存食品が本州へ届《とど》けられました。この航路《こうろ》は「こんぶロード」ともよばれ、こんぶは琉球《りゅうきゅう》（沖縄県）や中国へも送られたといいます。船で何日もかけて運ぶのですから、保存できる食品である必要があったのです。

▲『日本山海名物図会《にほんさんかいめいぶつずえ》』（1797 年）平瀬徹斎《ひらせてっさい》 編《へん》

日本各地の名物の製造方法《せいぞうほうほう》などが記録された書物の中に、「松前昆布《まつまえこんぶ》」を家の屋根に干《ほ》す様子がのっています。

インスタントラーメン登場

1958 年、日本で発明された「チキンラーメン」が世界初のインスタントラーメンです。日清食品《にっしんしょくひん》の創業者・安藤百福《あんどうももふく》が、妻《つま》が天ぷらを揚《あ》げているときに、小麦粉《こむぎこ》の衣が泡《あわ》とともに水分をはじき出している様子を見て、油の熱による食品の乾燥方法《かんそうほうほう》を研究しはじめたといいます。また、乾燥《かんそう》させるだけでなく、湯で手早くもどし、味がついていてそのまま食べられる、というのも大きな特徴《とくちょう》です。時代は女性の社会進出がすすみ、家事の時間を短縮《たんしゅく》させる家電製品《かでんせいひん》が次々と発売されているときです。安藤《あんどう》の「わたしはラーメンを売っているのではない。お客様に時間を提供《ていきょう》しているのである」という言葉の通り、調理の時間を短くする製品《せいひん》としても注目されました。

のちにカップに入れた「カップヌードル」がつくられ、より便利になり、世界的に愛されるインスタント食品になりました。さらに、ノンフライめんが登場したり、有名店の味を再現《さいげん》したインスタントめんが登場したりと、今も進化しています。

▲発売当初のチキンラーメンのパッケージとテレビコマーシャル。

オリンピックと冷凍食品《れいとうしょくひん》

日本で冷凍食品《れいとうしょくひん》の製造《せいぞう》がはじまったのは、1920 年からです。北海道で葛原商会《くずはらしょうかい》（現《げん》ニチレイフーズ）が魚の冷凍《れいとう》からはじめました。1952 年には東京の百貨店に冷凍食品《れいとうしょくひん》売り場が設置《せっち》され、1957 年には南極観測船《なんきょくかんそくせん》に 70 種類の冷凍食品《れいとうしょくひん》が、越冬用《えっとうよう》の保存食料として積みこまれました。

一般《いっぱん》に広まったのは 1964 年の東京オリンピックがきっかけです。大勢《おおぜい》の選手団《せんしゅだん》や関係者の食事を国内でまかなうには、生鮮食品《せいせんしょくひん》だけでは無理がありました。その問題を打開したのが、冷凍食品《れいとうしょくひん》でした。冷凍《れいとう》で食品を保存しておき、オリンピックの期間中に使われたのです。これをきっかけに、冷凍食品《れいとうしょくひん》が急速《きゅうそく》に広まっていきます。

冷凍食品《れいとうしょくひん》は技術《ぎじゅつ》が向上し、おいしさ、便利《べんり》さが進化し、2013 年には日本人ひとりあたりの冷凍食品《れいとうしょくひん》の消費量《しょうひりょう》が 21.7 キロ（約 87 食分）になりました。冷凍食品《れいとうしょくひん》は今も進化し続けています。

▲ 2020 年に国際宇宙《こくさいうちゅう》ステーション滞在中《たいざいちゅう》に、「きぼう」船内実験室でレトルトカレーを浮《う》かべる野口聡一《のぐちそういち》宇宙《うちゅう》飛行士《ひこうし》。

宇宙食《うちゅうしょく》は保存食

閉《と》じられた、少ない重力の環境《かんきょう》の中で、宇宙飛行士《うちゅうひこうし》の健康を助ける宇宙食《うちゅうしょく》には、さまざまな制約《せいやく》があります。必要な栄養素《えいようそ》が過不足《かふそく》なくとれること、限《かぎ》られた調理環境《ちょうりかんきょう》で食べられること、開けたときに中身が飛《と》び散《ち》らないこと、もちろん日もちして安全に食べられることもたいせつです。日本人宇宙飛行士《うちゅうひこうし》が何人も飛び立っていますが、日本でつくられた宇宙食《うちゅうしょく》もたくさんあります。日本の保存技術《ぎじゅつ》が、宇宙《うちゅう》でも活躍《かつやく》しているのです。

▶ 2018 年に国際宇宙《こくさいうちゅう》ステーション滞在中《たいざいちゅう》の金井宣茂《かないのりしげ》宇宙《うちゅう》飛行士《ひこうし》が、宇宙日本食《うちゅうにほんしょく》の粉末《ふんまつ》緑茶《りょくちゃ》をキューポラ（観測窓《かんそくまど》）の前に浮《う》かべて撮影《さつえい》。

包装《ほうそう》による保存の進化

保存食品は、包装技術《ほうそうぎじゅつ》（容器《ようき》）が進化することで、より安全に長もちするようになりました。空気や湿気《しっけ》、光が入らないようにするなど、さまざまなくふうを見てみましょう。

びんづめ

空気や水などが入らないようにする密封容器《みっぷうようき》としては、もっとも古いものと考えられています。その昔はコルクやロウなどでふたをしていました。熱に強く、殺菌《さっきん》しやすいので、家庭での保存食品づくりに向いています。

ナポレオンのため
につくられた?!

かんづめ

フランスのナポレオンが、19世紀初頭《せいきしょとう》に食料の長期保存方法を募集《ぼしゅう》したところ、誕生《たんじょう》したのがかんづめです。びんでは落とすと割《わ》れてしまううえ、重いという欠点を解消《かいしょう》したのです。日本ではじめてかんづめがつくられたのは、1871年の長崎といわれています。

乾燥剤《かんそうざい》

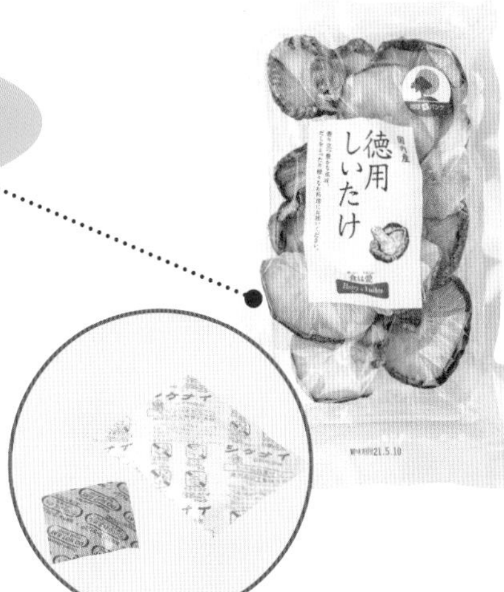

20世紀《せいき》初頭のアメリカで、潜水艦《せんすいかん》の湿気対策《しっけたいさく》で開発されたシリカゲルという乾燥《かんそう》剤《ざい》がはじまりといわれています。のちに食品保存にも使われるようになり、今ではシリカゲル以外の乾燥剤《かんそうざい》もいろいろあります。

紙パック

1915年のアメリカで、紙の箱にロウをぬったものが開発されたのがはじまりです。日本では、東京オリンピック（1964年）や大阪万博（1970年）で使われて､広まりました。今ではポリエチレンフィルムが両面にはってあります。

レトルトパウチ

アメリカの陸軍が、1950年代にかんづめにかわる保存容器《ようき》として開発しました。軽量化と､ごみの小ささが特徴《とくちょう》です。その後、宇宙食《うちゅうしょく》でも採用《さいよう》されます。日本では、1969年にレトルトカレーで登場します。今では湯のほか、電子レンジでも温められるパウチがあります。

空気穴《くうきあな》

発酵食品《はっこうしょくひん》は、微生物《びせいぶつ》による発酵《はっこう》でつくられます。密閉容器《みっぺいようき》に入れると、衛生的《えいせいてき》ですが、微生物《びせいぶつ》の活動が止まり、発酵《はっこう》がすすまなくなります。そこで、雑菌《ざっきん》や湿気《しっけ》を通さず、空気だけを通す穴《あな》をつけることで、微生物《びせいぶつ》の発《はっ》酵《こう》を止めずに、衛生的《えいせいてき》に包装《ほうそう》できるようになりました。

菌《きん》が生きている
あかし！

密封《みっぷう》ボトル

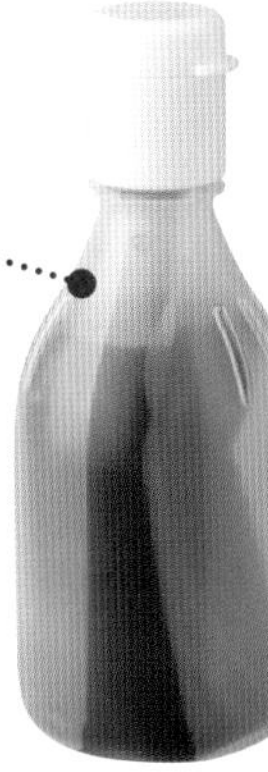

液体調味料《えきたいちょうみりょう》は開封《かいふう》すると、そのときから酸化《さんか》がはじまります。香りがぬけ、水分が蒸発《じょうはつ》していくのです。これをおさえる容器《ようき》が登場しました。ボトル型《がた》の場合は､二重の容器になっていて、中身を押《お》し出《だ》しても、空気が入らずに密閉《みっぺい》が保《たも》たれる仕組みになっています。

防災《ぼうさい》と保存食

自然災害《しぜんさいがい》が多い日本では、昔から保存食を備蓄《びちく》して、非常時《ひじょうじ》に備《そな》える習慣《しゅうかん》があります。今どんな保存食があるのか、備《そな》えるポイントを紹介《しょうかい》します。

防災用《ぼうさいよう》の保存食とは

防災用品《ぼうさいようひん》セットに入っている非常食《ひじょうしょく》として、よく見るのが「乾《かん》パン」です。かたく焼いたビスケットのようなパンで、ヨーロッパが起源《きげん》とされています。非常時《ひじょうじ》には水や火が使えない場合がありますから、防災用《ぼうさいよう》の保存食はそのまま食べられる、ということがとても重要です。常温《じょうおん》で、およそ３～５年くらい保存できるよう、製造法《せいぞうほう》や容器《ようき》にもくふうが必要です。

今では、ふわふわのパンのかんづめや、レトルトパックのカレーライスやスープも登場し、おいしさの面でも進化しています。

日本古来の干《ほ》し飯《いい》の進化版《しんかばん》「アルファ米《まい》」によるごはんやたきこみごはん、かゆなども非常食《ひじょうしょく》として人気です。水または熱湯をそそいで食べる保存食です。また水は、飲み水だけでなく、手やものを洗《あら》うための生活用水も用意しておく必要があります。

また食事用のものだけでなく、あめやようかんなど、おやつ類も用意しておくと、災害時《さいがいじ》のストレスをやわらげることができるでしょう。

年に一度は確認《かくにん》を

防災食《ぼうさいしょく》（水をふくむ）の保存期間はだいたい３～５年くらいが一般的《いっぱんてき》です。いざ災害《さいがい》にあったときに、賞味期限《しょうみきげん》が切れていて食べられないことがあっては意味がありません。１年に一度くらいは防災用《ぼうさいよう》の食品をすべてチェックして、賞味期限《しょうみきげん》が近くなっているものは食べたり飲んだりして、新しいものに入れかえる備《そな》えがたいせつです。ペットボトルの水も同様です。

保存食は日々進化していますから、よりよいものにチェンジする機会になります。また、食べてみることで「おいしいからもっと用意しよう」「好みじゃないからほかのものにしよう」などの判断《はんだん》もできます。

と～っても長もちする防災用《ぼうさいよう》保存食

製造法《せいぞうほう》や容器《ようき》をくふうして、25年ももつ保存食があります。一般《いっぱん》の防災食《ぼうさいしょく》の５～８倍も長もちするのです。高度なフリーズドライ技術《ぎじゅつ》で、完成した料理から水分だけを98 パーセントのぞきます。さらに、さびにくくコーティングされた丈夫《じょうぶ》な容器《ようき》に入れ、中に残った酸素《さんそ》を脱酸素剤《だつさんそざい》でぬきとり、確実《かくじつ》に密封《みっぷう》します。すると、くさったり、雑菌《ざっきん》などが繁殖《はんしょく》したりできない状態《じょうたい》になるので、超《ちょう》・長期保存が可能《かのう》になったのです。水分がほとんどないので、とても軽いのも特徴《とくちょう》のひとつです。そのままでも食べられますが、水または湯があればよりおいしく食べられます。

また、きれいなわき水を空気に触《ふ》れずにくみあげて、通常《つうじょう》よりも丈夫《じょうぶ》なボトルに入れることで、15年保存できる災害用飲料水《さいがいよういんりょうすい》も、注目されています。

▲「カムイワッカ麗水《れいすい》」は、15年保存可能《かのう》と、今、日本でもっとも長く保存できる水です。

▲25年保存できるサバイバル® フーズの「洋風えび雑炊《ぞうすい》」と「チキンシチュー」。

保存食の仕事をするには

保存食に関連する仕事はたくさんあります。この本を読んで興味《きょうみ》をもったなら、まずは日本や世界の保存食について調べてみましょう。広い視野《しや》をもって考えてください。

保存食の魅力《みりょく》を考えよう

古くからつくられ、進化し続ける保存食は、人びとのくらしに、いろいろな面で役立っているのがわかります。季節や天候に関係なく安定した食生活がおくれるようになり、保存できるように食品を加工することで味わいが変化して豊《ゆた》かな食文化が発展《はってん》しました。時間をかけて運ぶことができるので、旅の間の食事として活用でき、遠い地域《ちいき》のものを取《と》り寄《よ》せて食べることもできます。災害《さいがい》に備《そな》えて準備《じゅんび》しておけば、いざというときにも安心です。

ほかにもまだまだ保存食の魅力《みりょく》はありますが、保存食のどんなところが好きかを考えて、将来《しょうらい》の仕事を考えてみるといいでしょう。

多くの仕事で保存食とかかわれます

伝統的《でんとうてき》な技術《ぎじゅつ》を生かして保存食をつくっている会社に入り、伝統《でんとう》をつなげていくことは意義《いぎ》あることでしょう。保存食品をつくっている食品メーカーや加工業者に勤《つと》めるなら、製造工程《せいぞうこうてい》や企画開発《きかくかいはつ》、販売促進《はんばいそくしん》などさまざまな内容《ないよう》の仕事から自分がしたいことを考えて就職《しゅうしょく》する必要があります。食品保存について、科学的に研究する機関に入るのも、ひとつの方法です。保存食をあつかう調理師《ちょうりし》や料理研究家になるのもいいでしょう。

自分の考える、保存食の魅力《みりょく》と関係する仕事を探《さが》してみましょう。その仕事につくためには、どんな勉強をすればいいのか見えてくるはずです。

そうめんづくりは臨機応変《りんきおうへん》に

福田《ふくだ》 隆仁《たかひと》 さん
株式会社《かぶしきがいしゃ》三輪《みわ》そうめん 池側《いけがわ》

もともとは塗装業《とそうぎょう》をしていたのですが、結婚《けっこん》した奥《おく》さんの家が三《み》輪《わ》そうめんの会社でした。無理にすすめられたわけではないのですが、タイミングもよく、転職《てんしょく》を決めました。暗いうちから起きておこなう仕事ですから、はじめのうちはつらかったですね。毎日「地《じ》獄《ごく》だ～」と思っていましたが、慣《な》れるものです。それでも冬はやっぱりつらいです。生地《きじ》がゆっくり熟成《じゅくせい》されるので、そうめんづくりに適《てき》した季節ですが、部屋に暖房《だんぼう》をきかすことのできない環境《かんきょう》で力仕事からしなければなりません。それでも、娘《むすめ》はわたしたちがつくるそうめんが大好きですし、できたものをほめられるのはとてもうれしく、やりがいを感じます。

そうめんづくりは塩加減《しおかげん》が８割《わり》と考えています。前日に天気予報《てんきよほう》を確認《かくにん》して塩水をしこみます。予報《よほう》ははずれることもありますから、移《うつ》りかわる気温や湿度《しつど》に応《おう》じて、生地《きじ》をねかせる時間や乾燥《かんそう》させる時間、風のあて方などを調整してつくっていきます。

今、製《せい》めん所《じょ》のほかに商品を売る店はありますが、お客さんに食べてもらえる設備《せつび》はありません。いつか、そうめんを食べられる店にして、お客さんの感想を直接《ちょくせつ》聞けたら、うれしいなと思っています。

保存食と日本文化

和食は 2013 年にユネスコ（国連教育科学文化機関）より無形文化《むけいぶんか》遺産《いさん》に登録《とうろく》されました。「『和食』の食文化が自然を尊重《そんちょう》する日本人の心を表現《ひょうげん》したものであり、伝統的《でんとうてき》な社会慣習《しゃかいかんしゅう》として世代を越《こ》えて受けつがれていると評価《ひょうか》」されたからです。自然環境《しぜんかんきょう》を上手に利用して受けつがれ、発展《はってん》してきた保存食も、この登録に大きく影響《えいきょう》していると考えられます。

保存食は人びとのくらしを豊《ゆた》かにしてきました。近ごろ心配されている食糧危機《しょくりょうきき》に対しても、保存食は役立つはずです。食材をむだなく使い、食糧廃棄《しょくりょうはいき》を減《へ》らし、ためておける保存食は、ますます大事にされることでしょう。適切《てきせつ》な食糧管理《しょくりょうかんり》は、自然保護《しぜんほご》にもつながります。

保存の技術《ぎじゅつ》は日々進化しています。活躍《かつやく》の場面も地球を飛び出して宇宙《うちゅう》への旅にも必要不可欠《ふかけつ》になっています。昔ながらの保存食の文化を受けつぎながら、新しい技術《ぎじゅつ》をとりいれて発展《はってん》させ、日本文化のひとつして保存食を未来につなげていくことがたいせつです。

著者…和の技術を知る会
装丁・デザイン…DOMDOM
撮影…田邊美樹
イラスト…あくつじゅんこ
編集協力…山田 桂

■撮影・取材協力
製造・卸元　海産屋
https://kaisanya.com/
奈良県三輪素麺工業協同組合
https://www.miwasoumen-kumiai.com/
（株）三輪そうめん 池側
https://www.somen-ikegawa.com
長野県飯田市
ＪＡみなみ信州
https://www.ja-mis.iijan.or.jp/
日清食品ホールディングス（株）
http://nissin.com/
味の素冷凍食品（株）
https://www.ffa.ajinomoto.com/
（一社）くすのき自然クラブ
https://kusunoki-sizenclub.jimdofree.com/
（有）三角屋水産
https://sankakuya-izu.co.jp/
（株）セイエンタプライズ
https://www.sei-inc.co.jp/

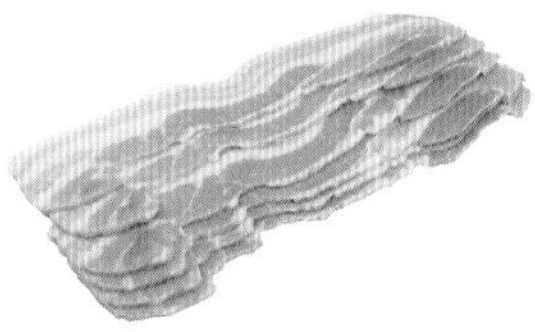

■参考資料
『とっておきの文化食』藤田忠雄著／日本経済評論社 1987
『調べてなっとく！保存食』村上祥子監修／河出書房新社 2003
『保存食の大研究』小清水正美監修／仲居惠子著／ＰＨＰ研究所 2018
『日本の「食」とくらし３　時代ごとに調査しよう』竹内由紀子監修／学研プラス 2003
『「食」で地域探検６　地域の保存食』服部幸應・服部津貴子監修・著／岩崎書店 2003
『一生使えるお作法図鑑』久保村正高著／ＰＨＰ研究所 2008

■写真・図版・資料協力
<カバー・表紙>
カップめん工場：日清食品ホールディングス（株）、そうめん（製造）：（株）三輪そうめん 池側、干し柿：飯田市・ＪＡみなみ信州、『大日本物産圖會　同蒸鰈製造之圖』都立中央図書館特別文庫室、こんぶ：利尻町、冷やしそうめん：福神堂、アジ・キンメダイひもの：海産屋、千枚づけ（京都府漬物協同組合）：農林水産省Webサイト＊、あおさ：（有）三角屋水産

P1 ～ 3 <本扉／はじめに／もくじ>
冷凍ギョウザ：味の素冷凍食品（株）、『大日本物産圖會　同國長鮑製之圖』：都立中央図書館特別文庫室、そうめん：福神堂、干し柿：飯田市・ＪＡみなみ信州、みそしる玉：（一社）くすのき自然クラブ

P4 ～ 9 <保存食の世界へようこそ>
干しいも・凍みこんにゃく：観光いばらきフォトライブラリー、焼きふ・干しゆば：半兵衛麸、あおさ：（有）三角屋水産、あく巻き（鹿児島県）・ゆず皮煮（大分県）・ごまだし・島根県の笹巻き（島根県食生活改善推進協議会）・とうふの梅酢づけ（土佐伝統食研究会）・千枚づけ（京都府漬物協同組合）・山形県の笹巻き（おいしい山形推進機構）：農林水産省Webサイト＊、干し柿：飯田市・ＪＡみなみ信州、潮カツオ：カネサ鰹節商店、潮カツオ茶づけ：（有）三角屋水産、いぶりがっこ：秋田県、こんぶ：利尻町、おんべ鯛奉納祭り：愛知県

P10 ～ 19 <保存食の技を見てみよう>
ひものづくりのスゴ技：海産屋、そうめんづくりのスゴ技：（株）三輪そうめん 池側、干し柿づくりのスゴ技：飯田市・ＪＡみなみ信州

P20 ～ 23 <保存食の工場見学>
カップめん工場：日清食品ホールディングス（株）、冷凍ギョウザ工場：味の素冷凍食品（株）

P24 ～ 25 <保存食づくりにチャレンジ！>
みそしる玉／指導・レシピ：（一社）くすのき自然クラブ、協力：山村愛・山村葵・山村陽

P26 ～ 31 <もっと保存食を知ろう>
貯蔵穴・縄文ポシェット：三内丸山遺跡センター、高床式倉庫：静岡県教育委員会、『民間備荒録』・『四季漬物鹽嘉言』・『日本山海名物図会』：国立国会図書館、『大日本物産圖會　同蒸鰈製造之圖』都立中央図書館特別文庫室、チキンラーメン：日清食品ホールディングス（株）、宇宙食：JAXA ／ NASA、防災保存食：（株）セイエンタプライズ、保存食の仕事をするには：（株）三輪そうめん 池側

（敬称略）

＊農林水産省Webサイト（https://www.maff.go.jp/index.html）

子どもに伝えたい和の技術 11　保存食

2021年3月　初版第1刷発行

著 ………………… 和の技術を知る会
発行者 …………… 水谷泰三
発行所 …………… 株式会社文溪堂　〒112-8635　東京都文京区大塚 3-16-12
TEL：編集 03-5976-1511
営業 03-5976-1515
ホームページ：https://www.bunkei.co.jp
印刷・製本 ……… 図書印刷株式会社
ISBN978-4-7999-0381-0/NDC508/32P/293㎜× 215㎜